# LATINOS FAMOSOS

# Frida Kahlo
## Pintó su vida

### Lila y Rick Guzmán

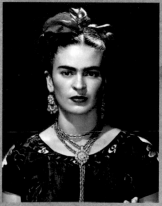

**Enslow Elementary**
an imprint of
**Enslow Publishers, Inc.**
40 Industrial Road
Box 398
Berkeley Heights, NJ 07922
USA
http://www.enslow.com

**Series Adviser**
Bárbara C. Cruz, Ed.D., Series Consultant
Professor, Social Science Education
University of South Florida

**Series Literacy Consultant**
Allan A. De Fina, Ph.D.
Past President of the New Jersey Reading Association
Professor, Department of Literacy Education
New Jersey City University

This series was designed by Irasema Rivera, an award-winning Latina graphic designer.

Enslow Elementary, an imprint of Enslow Publishers, Inc.
Enslow Elementary® is a registered trademark of Enslow Publishers, Inc.

Spanish edition copyright 2008 by Enslow Publishers, Inc.

Originally published in English under the title *Frida Kahlo: Painting Her Life* © 2006 by Enslow Publishers, Inc.

Spanish edition translated by Lila and Rick Guzmán; edited by Strictly Spanish, LLC.

**Library of Congress Cataloging-in-Publication Data**

Guzmán, Lila, 1952–
   [Frida Kahlo. Spanish]
   Frida Kahlo : pintó su vida / Lila y Rick Guzmán.
      p. cm. — (Latinos famosos)
   Originally published in English in 2006.
   Includes bibliographical references and index.
   ISBN-13: 978-0-7660-2678-0
   ISBN-10: 0-7660-2678-7
   1. Kahlo, Frida—Juvenile literature. 2. Painters—Mexico—Biography—Juvenile literature. I. Guzmán, Rick. II. Title.
   ND259.K33G8918 2007
   759.972—dc22
   [B]                    2007000126

**To Our Readers:** We have done our best to make sure all Internet Addresses in this book were active and appropriate when we went to press. However, the author and the publisher have no control over and assume no liability for the material available on those Internet sites or on other Web sites they may link to. Any comments or suggestions can be sent by e-mail to comments@enslow.com or to the address on the back cover.

Every effort has been made to locate all copyright holders of material used in this book. If any errors or omissions have occurred, corrections will be made in future editions of this book.

**A nuestros lectores:** Hemos hecho lo posible para asegurar que todos los sitios de Internet que aparecen en este libro estuvieran activos y fueran apropiados en el momento de impresión. Sin embargo, el autor y el editor no tienen control sobre, ni asumen responsabilidad por, los materiales disponibles en esos sitios de Internet o en otros de la Web a los cuales se conectan. Todos los comentarios o sugerencias pueden ser enviados por correo electrónico a comments@enslow.com o a la dirección que aparece en la cubierta trasera.

Se ha hecho todo el esfuerzo posible para localizar a quienes tienen los derechos de autor de todos los materiales utilizados en este libro. Si existieran errores u omisiones, se harán correcciones en futuras ediciones de este libro.

**Photo Credits/Créditos fotográficos:** © 2005 Banco de México Diego Rivera & Frida Kahlo Museums Trust. Av. Cinco de Mayo No.2, Col. Bentro Del. Cuauhtémoc 06059, México, D.F.: Digital Images © Museum of Modern Art/Licensed by SCALA/Art Resource, NY, pp. 19B, 23T. Instituto Nacional de Bellas Artes y Literatura, pp. 10, 11B. Photographs © Schalkwijk/Art Resource, NY, pp. 14, 26. CNAC/MNAM/Dist Réunion des Musées Nationaux/Art Resource, NY, p. 20.

AFP/Getty Images, p. 11T; AP/Wide World, pp. 8, 23B, 24, 25B, 27 (both); Archico CENIDIAP-Instituto Nacional de Bellas Artes y Literatura, México City, México, pp. 4R, 6 (both); Associated Press, Detroit Institute of Arts, p. 16; Bárbara C. Cruz, p. 15; Christie's Images/Superstock, p. 17; Library of Congress, p. 7; Photograph by Chester Dale. This image is courtesy of the Chester Dale papers, 1897–1971 (bulk 1950–1968) in the Archives of American Art, Smithsonian Institution, p. 25T; Photograph by Florence Arquin. This image is courtesy of the Florence Arquin papers, 1923-1985 in the Archives of American Art, Smithsonian Institution, p. 4L; Photographs by Nickolas Muray. © Nickolas Muray Photo Archives, Courtesy George Eastman House, pp. 1, 13B, 19T, 22, 28; San Francisco Museum of Modern Art, Albert M. Bender Collection, Gift of Albert M. Bender, © Estate of Frida Kahlo, Courtesy of Banco de México, p. 13T.

**Cover Credit/Crédito de la cubierta:** Photograph by Nickolas Muray. © Nickolas Muray Photo Archives, Courtesy George Eastman House.

# ❊ Contenido ❊

Frida Kahlo

Frida de niña

# 1

# La niñez de Frida

Frida Kahlo nació el 6 de julio de 1907 en Coyoacán, una pequeña aldea cerca de la Ciudad de México. Ella tuvo dos hermanas mayores, Matilde y Adriana. Un año más tarde nació su hermana Cristina. Su madre, Matilde Calderón, era muy estricta y seria. Frida se sentía más unida a su padre, Guillermo. Él trabajaba como fotógrafo para el gobierno, tomando fotos de edificios importantes. A veces, él también tomaba fotografías de gente. Frida lo acompañaba para ayudarlo con la cámara. Ella aprendió a tomar fotografías.

## Guillermo, el padre de Frida

De su padre, Frida aprendió mucho del arte y de la naturaleza. A Frida le gustaba estudiar las plantas y los animales. Ella pensaba en convertirse en médico.

Cuando Frida tenía seis años, se enfermó de polio, una enfermedad grave. Tuvo que quedarse en cama durante nueve meses. Por fin se mejoró, pero su pierna derecha quedó más corta que la izquierda. Para fortalecer su pierna, el padre de Frida le dijo que practicara muchos deportes como natación, fútbol y ciclismo.

**Matilde, la madre de Frida**

En aquellos días, mucha gente no creía necesario que las niñas fueran a la escuela secundaria. En lugar de eso, ellas aprendían a cocinar y a coser. El padre de Frida deseaba para su hija una buena educación. En 1922, cuando Frida tenía quince años, ella aprobó el examen de entrada de la Escuela Nacional Preparatoria. Era la mejor escuela secundaria en Ciudad de México.

La escuela tenía dos mil estudiantes, pero sólo treinta y cinco eran mujeres. Frida se unió a un grupo de estudiantes llamado los "cachuchas". El nombre quiere decir "gorras". Todos ellos usaban gorras rojas. Los cachuchas eran muy listos. A ellos les encantaba leer libros y discutirlos. Pero también les gustaba divertirse. A veces, hacían bromas a los maestros.

De vez en cuando, Frida salió a hurtadillas de la escuela secundaria y exploró calles como ésta en la Ciudad de México.

Una vez, hicieron estallar cohetes en la clase. En otra ocasión, pasearon un burro por el pasillo.

Un día un famoso artista llamado Diego Rivera llegó a la escuela. Comenzó a pintar un mural en algunas de las paredes. Un mural es una pintura muy grande. El gobierno mexicano quería que se pintaran murales en las paredes de muchos edificios públicos porque era una buena manera de enseñarle al pueblo la historia de México. Diego era el pintor de murales más importante de México.

Muchas veces, Frida entraba a hurtadillas al cuarto para verlo pintar, bromear, y hasta le robó la comida de su canasta de almuerzo. Pero más que todo, le encantaba verlo pintar.

**Diego trabajó muy alto en plataformas de madera.**

# 2

# Aprendiendo a pintar

El 17 de septiembre de 1925, Frida y su amigo iban camino a casa de la escuela. Subieron de un salto a un autobús en la Ciudad de México y se sentaron. Un par de minutos más tarde, el autobús tuvo un terrible accidente. El autobús se partió en dos. Algunas personas murieron. Una vara de metal pasó a través del cuerpo de Frida. Su espalda se había roto en tres lugares y otros huesos estaban rotos también. Una ambulancia vino y la llevó de prisa al hospital.

Frida estaba tan mal herida que los médicos pensaban que se iba a morir. Pasó un mes en el

17 de Septiembre de 1926 - FRIDA Kahlo (accidente)

**Un año después de su accidente, Frida dibujó este cuadro del choque del autobús.**

hospital. Del cuello a las caderas, Frida estaba envuelta en un molde duro de yeso. No se podía mover. Después de volver a casa, ella tuvo que seguir usando el molde y quedarse en cama durante meses.

Para olvidar sus problemas, Frida comenzó a pintar. Su padre le trajo pinceles, pinturas y lienzo, y se las puso a un lado de la cama. Al principio, ella pintó retratos de su familia y de sus amigos. Ella pintó lo que veía desde su ventana y las cosas en su cuarto. Mirando en un espejo que colgaba sobre la cama, ella pintó autorretratos, es decir, cuadros de sí misma.

Después de varios meses, Frida volvió a caminar.

Al principio Frida pintó cuadros de objetos y escenas en su aldea. (Estos cuadros eran parte de la exposición de museo en 2004.)

*Autorretrato con traje de terciopelo*, 1926, fue el primer cuadro que Frida pintó de sí misma.

La espalda le dolería por el resto de su vida. Pero Frida era más fuerte y más brava que el dolor. No permitiría que le arruinara su vida. Frida tuvo otra operación de espalda en 1927. Otra vez el médico envolvió el cuerpo de Frida en un molde de yeso. Otra vez ella mostró sus sentimientos a través de los pinceles y las pinturas. Frida usó el arte para expresar más de lo que podría haber dicho con palabras.

# ❊3❊
# Frida y Diego

Un día, cuando Frida se sentía mejor, fue a ver a Diego. Él estaba trabajando en un mural. Ella le mostró tres de sus cuadros. Quería saber su opinión acerca de su arte. ¿Era buena o no? ¿Tenía talento? A Diego le gustó el arte de Frida. Él dijo que los cuadros eran muy buenos y le dijo que continuara pintando.

Diego comenzó a visitar a Frida en su casa. Ellos hablaban de arte y de política. Llegaron a ser buenos amigos, y se enamoraron. El 21 de agosto de 1929, Frida se casó con Diego. Ella tenía veintiún años y él, cuarenta y uno.

Frida comenzó a usar vestidos tradicionales mexicanos porque a Diego le gustaba. Tiempo después, ella se hizo famosa por sus vestidos coloridos, muchas

En este cuadro (1931), *Frida y Diego Rivera*, Frida lleva una larga falda mexicana y un rebozo.

La foto del casamiento de Frida y Diego.

Luther Burbank

Frida experimentó con una manera nueva de pintar en *Luther Burbank*, 1931. Luther Burbank trabajó con plantas. En vez de mostrarlo tal cual como él era en realidad, Frida lo pintó medio hombre y medio árbol.

joyas grandes e interesantes estilos de peinado. Algunos dijeron que Frida se había convertido en una obra de arte.

A Diego le pidieron que pintara murales en los Estados Unidos. En 1930, él y Frida fueron a San Francisco, California, donde Diego pintó dos murales. Frida y Diego eran muy populares. Fueron a fiestas en las casas de gente rica e importante.

Frida y Diego volvieron a México en junio de 1931. Diego tenía una casa nueva construida en dos partes y conectada por un puente. Un lado era de Diego y su estudio de arte. El otro lado era para Frida y su estudio de arte.

En 1932 Frida y Diego viajaron a Detroit, Michigan, una ciudad ruidosa con fábricas nuevas. Fue muy emocionante para Diego. Él pintó murales mostrando a trabajadores fabricando automóviles en una fábrica grande. Al año siguiente, Frida y Diego regresaron a la Cuidad de Nueva York por otro de los trabajos de Diego. Frida hizo nuevos amigos y fue a fiestas. Ella disfrutaba ir de compras y ver películas, pero más que nada, ella extrañaba a México. Ella se sentía cada vez más infeliz.

**La casa de Diego era rosada. La de Frida era azul.**

Frida echaba de menos a su familia, la comida, los lugares de México. A Diego le encantaba Estados Unidos. Le gustaban las fábricas, las máquinas y el ruido de la ciudad. Para Frida, Estados Unidos era un lugar sucio. Los ricos eran demasiado ricos y los pobres eran demasiado pobres.

Aquí, Diego está trabajando en el mural *Industria de Detroit* en el Instituto de Arte de Detroit.

Frida quiso mostrar sus sentimientos acerca de la vida en Estados Unidos. En *Mi vestido cuelga allí*, ella pintó muchas de las cosas que no le gustaban de Estados Unidos. Un vestido mexicano cuelga vacío en medio del cuadro: Frida quería volver a casa. A Frida se le cumplió su deseo. En 1933 ella y su esposo volvieron a México.

*Mi vestido cuelga allí*, 1933.

Frida comenzó esta obra en los Estados Unidos y la terminó
en México. Este tipo de pintura es llamado *collage*. Frida
cortó y pegó fotos y otras imágenes, y pintó las otras partes.

# ✻ 4 ✻

# El arte de Frida

De vuelta en México, Frida siguió pintando. Su obra de arte era muy diferente a la de Diego. Mientras Diego normalmente pintaba murales grandes en las paredes de edificios, Frida hacía pequeñas pinturas en madera o lienzo. Ella también trataba a pintar en metal, en el estilo de los viejos retablos mexicanos. Los retablos son pequeños cuadros religiosos pintados en estaño.

Diego pintaba en lugares públicos, con la gente mirándolo. Sus obras de arte contaban historias, como la historia de México. En cambio, Frida pintaba en casa, en privado. Su arte era muy personal. Mostraba sus sentimientos acerca de su vida. A lo largo de su vida,

**A Frida le encantaban los animales. Su ciervo doméstico se llamaba Granizo.**

Frida pintó cincuenta y cinco autorretratos. A veces, ella se mostraba a sí misma con sus animalitos. Tuvo un venadito, perros, loros y monos. Su favorito era un mono araña llamado Fulang-Chang.

Frida no pintaba para satisfacer a otras personas. Ella pintaba para sí misma y era feliz regalando sus cuadros. Ella se sorprendía cuando a otros les gustaban sus obras.

*Autorretrato con mono Fulang-Chang*, **1937.**

*El marco*, 1938, está pintado en estaño, como muchos viejos cuadros folklóricos de México.

Una galería de arte en la Ciudad de Nueva York hizo una exposición especial de la obra de Frida en 1938, y ella vendió un cuadro. Fue su primera venta. El próximo año, ella tuvo una exposición en París, Francia. El Louvre, un museo de arte de fama mundial en París, compró uno de sus autorretratos. La fama de Frida como artista estaba creciendo. Pero ella no pintaba para ganar dinero o hacerse famosa. El arte era su forma de expresión. Algunos alababan a Frida por pintar cuadros de sueños y fantasías creados por su imaginación. Pero Frida decía que ellos no entendían su obra. "Yo nunca pinté sueños", ella decía. "Yo pinté mi propia realidad." Sus cuadros mostraban como ella se veía a sí misma y a su mundo.

# ⁎ 5 ⁎

# Se hizo famosa

Frida y Diego se amaban, pero no tenían un matrimonio feliz. Ellos discutían frecuentemente. En 1939, se divorciaron. Frida estaba muy triste. Para mostrar cómo se sentía acerca del fin de su matrimonio, ella pintó *Las dos Fridas*. En este cuadro, una de las Fridas tiene el corazón roto. *Las dos Fridas* llegó a ser uno de sus cuadros más conocidos.

Otro cuadro después del divorcio fue *Autorretrato con pelo cortado*. En este retrato, lleva un traje de hombre, en vez de un vestido de muchos colores como le gustaba a Diego. Ella también se cortó su hermoso y largo cabello.

**Kahlo trabaja en su cuadro *Las dos Fridas*.**

Frida y Diego odiaban vivir separados. "Esta vez ha sido la peor de toda mi vida", ella dijo. Ellos se casaron por segunda vez el 8 de diciembre de 1940. Era el cumpleaños de Diego. Tenía cincuenta y cinco años. Frida volvió a vivir en la casa de su niñez. Estaba pintada en azul brillante y se llamaba La Casa Azul.

En 1943 Frida comenzó a enseñar en la Escuela de Pintura y Escultura. Los estudiantes de Frida la

**Autorretrato con pelo cortado, 1940.**

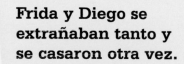

Frida y Diego se extrañaban tanto y se casaron otra vez.

querían mucho. Ella los llevaba a Ciudad de México y les enseñaba acerca de la historia de México.

La salud de Frida se estaba deteriorando. Se le hacía muy difícil viajar a la escuela. Por eso, ella decidió invitar a los estudiantes a su casa. Frida tuvo dolores desde el accidente de autobús, pero al ir envejeciendo, su salud empeoró. Ella visitó muchos médicos. En 1950, ella pasó un año entero en el hospital, pintando otra vez desde su cama. Después

**Frida era famosa por sus fiestas magníficas: cocinando platos especiales en su cocina, arriba, y contando historias chistosas.**

**Frida en su cama.**

de muchas operaciones, ella tuvo que pasar la mayoría del tiempo en una silla de ruedas.

En abril de 1953, una de sus mejores amigas, una fotógrafa llamada Lola Álvarez Bravo organizó una exposición especial en honor a Frida y a

**Muchas veces, Frida se sentó aquí en esta silla de ruedas a pintar.**

**Los últimos cuadros de Frida fueron, en la mayoría, cuadros pequeños como éste:** *Naturaleza muerta con Fruta*, **1942.**

su trabajo. Frida tenía dolores terribles. Sus doctores le dijeron que no saliera. Pero Frida no quiso quedarse en casa. Cuando la galería de arte abrió sus puertas, una ambulancia paró en la acera. Allí estaba Frida, vestida en su ropa más fina y usando sus joyas mexicanas. El público se volvió loco.

Frida fue cargada adentro. Su cama había sido colocada en el medio de la galería de arte.

Doscientos amigos y admiradores se reunieron alrededor de ella. Frida les contó chistes y cuentos. Ella y sus amigos cantaron canciones mexicanas hasta la medianoche. Esa noche fue muy especial para Frida.

Frida murió el 13 de julio de 1954, en La Casa

Azul. Después de su muerte, Diego regaló la casa al pueblo mexicano, incluyendo todo lo que había adentro. La Casa Azul está abierta al público como el Museo Frida Kahlo.

Hoy en día, Frida Kahlo es conocida como una de las mejores pintoras de México. Sus obras de arte cuelgan en museos por todo el mundo.

**Frida fue la primera latina honrada con una estampilla de los Estados Unidos.**

**Las fotos y apuntes personales de Frida pueden ser vistos en el Museo Frida Kahlo en Ciudad de México.**

**"Estoy feliz de vivir si puedo pintar", dijo Frida.**

# ☀Línea del tiempo☀

**1907**  Nace en Coyoacán, México, el 6 de julio.

**1913**  Se enferma de polio.

**1925**  Queda muy mal herida en un accidente de autobús. Comienza a pintar mientras está en cama.

**1929**  Se casa con Diego Rivera el 21 de agosto.

**1938**  Frida tiene una exhibición de arte en la Ciudad de Nueva York.

**1939**  Su arte es exhibido en París, Francia. Frida y Diego se divorcian.

**1940**  Se casan otra vez el 8 de diciembre.

**1943**  Comienza a enseñar arte en la Escuela de Pintura y Escultura en Ciudad de México.

**1953**  Frida tiene su única exposición de arte en México.

**1954**  Muere en La Casa Azul el 13 de julio.

# ☀ Palabras a conocer ☀

**la ambulancia**—Un automóvil que lleva gente enferma o herida al hospital.

**el lienzo**—Una tela fuerte sobre la cual los artistas pintan.

**el divorcio**—Terminar un matrimonio.

**la fantasía**—Algo de la imaginación.

**el mural**—Un cuadro gigante en las paredes de un edificio.

**el fotógrafo**—Una persona que toma fotos con una cámara.

**la polio**—Una enfermedad que ataca a los músculos y hace difícil caminar. Hoy, la enfermedad es muy rara.

**la política**—Los trabajos del gobierno.

**el preparatorio**—Prepararse para algo. Una escuela preparatoria que prepara a los estudiantes para la universidad.

**la realidad**—Algo que es real, no imaginario.

**el autorretrato**—Un cuadro que el artista se pinta de sí mismo.

**el estudio**—el cuarto o lugar donde trabaja el artista.

# ⁎ Más para aprender ⁎

## Libros

*In English / En inglés*

Frith, Margaret. *Frida Kahlo: The Artist Who Painted Herself*. New York: Grosset & Dunlap, 2003.

Holzhey, Magdalena. *Frida Kahlo: The Artist in the Blue House*. New York: Prestel Publishing, 2003.

Johnston, Lissa. *Frida Kahlo: Painter of Strength*. Mankato, Minn.: Capstone Press, 2007.

*In Spanish / En español*

Laidlaw, Jill A. *Frida Kahlo: Los artistas en su mundo*. Danbury, Conn.: Franklin Watts, 2006.

## Direcciones de Internet

*In English / En inglés*

**The Life and Times of Frida Kahlo**
<http://www.pbs.org/weta/fridakahlo>

**FridaKahlo.com**
<http://www.fridakahlo.com>

# ❊ Índice ❊